Enluminures

— Paysages — Heures — Vies —
Chansons — Grotesques

par Max Elskamp.

Paul Lacomblez, éditeur
BRUXELLES. MDCCCXCVIII

à vous, mon cher Octave Maus,
de ma plus cordiale sympathie.

Max Eschmann

Enluminures
avec des bois
gravés par l'auteur

IL A ÉTÉ TIRÉ DE CE VOLUME :
3 exemplaires sur papier de Chine,
numérotés de 1 à 3 ; 3 exemplaires sur
papier impérial du Japon, numérotés
de 4 à 6 ; et 250 exemplaires sur papier de Hollande,
numérotés de 7 à 256. EXEMPLAIRE n° 164

DU MÊME AUTEUR :
Dominical ✳ *Salutations,*
dont d'angéliques ✳ *En Sym-*
bole vers l'Apostolat ✳ *Six chan-*
sons de pauvre homme pour
célébrer la semaine de Flandre ✳
EN PRÉPARATION :
Les Sept Œuvres de Miséricorde

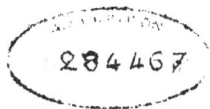

Enluminures

– Paysages – Heures – Vies –
Chansons – Grotesques

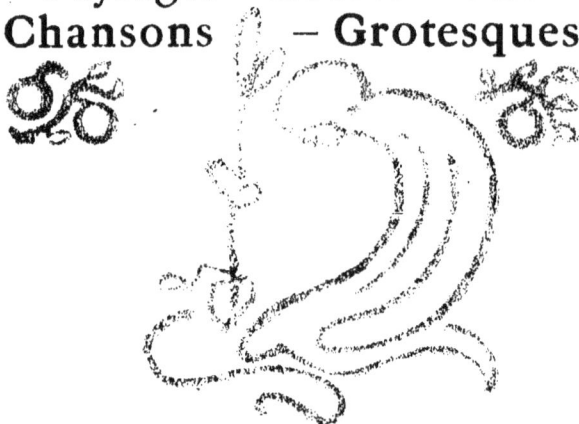

par Max Elskamp.

Paul Lacomblez, éditeur
BRUXELLES. MDCCCXCVIII

C'est qu'il y avait une petite ville, et peu de gens dedans, contre laquelle est venu un grand roi, qui l'a investie, et qui a bâti de grands forts contre elle. (Ecclésiaste IX. 14.)

Ici c'est un vieil homme de cent ans
qui dit, selon la chair, Flandre et le sang :
souvenez-vous-en, souvenez-vous-en,
en ouvrant son cœur de ses doigts tremblants

pour montrer à tous sa vie comme un livre,
et, dans sa joie comme en ses oraisons,
tout un genre humain occupé à vivre
en ses villes pies d'hommes et d'enfants.

9

Or à tous ici, ses pleurs et ses fêtes,
et, suivant le ciel peint à ses couleurs,
voici sa maison, ses fruits et ses fleurs,
en ses horizons d'hommes et de bêtes ;

et lors ses heures d'hiver et printemps
venues en musique ainsi qu'en prières,
sous des Christs en croix, des saints, des calvaires,
puis sa Foi aussi bonne en tous les temps,

pour la paix de sa vie trop à l'attache
dans les jours, les mois, des quatre saisons,
et le réconfort de ses mains qui tâchent
ici de leur mieux et très simplement.

r pour commen-
cer tout en foi.

I

Or pour commencer tout en foi,
à la façon des gens des bois
qui sont les pauvres de chez moi,

avant de dire, en joies ou peines,
mon pays tout d'eaux et de plaines,
voici fait mon signe de croix

en l'amour des sots et des sages,
car aujourd'hui c'est la chanson
des fenêtres de ma maison,

d'où les villes et les villages
et le plus beau des paysages,
bêtes, gens, arbres et nuages,

passent, rient, vivent et s'en vont
avec leur geste et leur langage
pour l'ornement des horizons.

Or, c'est lors mon cœur en voyage,
et, prête à la bonne espérance,
mon âme avec sa confiance,

qui s'en va sur terre aux agneaux
et sur mer suivant les vaisseaux
au hasard du vent et des eaux,

puis par les bois et par les routes
où chante pour ceux qui l'écoutent
la simple Vie bonne entre toutes;

et c'est ainsi qu'elle est chez moi
quand c'est matin sur tous les toits
avec la rosée goutte à goutte,

et voici ce qu'on dit chez moi,
à la façon des gens des bois,
quand c'est Marie-des-primes-routes.

On dit :

II

Marie, épandez vos cheveux :
voici rire les anges bleus

et dans vos bras Jésus qui bouge,
avec ses pieds et ses mains rouges,

et puis encor les anges blonds
jouant de tous leurs violons.

Or c'est matin vert aux prairies
et, Marie, regardez la Vie :

comme elle est douce infiniment
depuis les arbres, les étangs

jusqu'aux toits loin qui font des îles ;
et, Marie, regardez vos villes

heureuses comme des enfants
avec leurs cloches proclamant

les paix naïves d'évangile
du haut de tous les campaniles

dans l'aube en or aux horizons
que saluent, Marie-des-Maisons,

les miens des tâches coutumières
et dévoués tout à la terre.

Mais lors chantez, gais laboureurs
de mon pays où le meilleur

est Flandre douce aux alouettes
et dont les voix de joie concertent,

et passez au loin, les vaisseaux
sur la mer qui rit aux drapeaux,

car Jésus tend ses mains ouvertes,
Marie, pour embrasser la fête

que fait le ciel au prime jour
ici de soie et de velours.

t Marie lit un
évangile.

III

Et Marie lit un évangile
avec ses deux mains sur son cœur,
et Marie lit un évangile
dans la prairie qui chante-fleure,

et l'herbe, et toutes les couleurs
des fleurs autour épanouies
lui disent la joie de leur vie
avec des mots tout en douceur.

Or les anges dans les nuées
et les oiseaux chantent en chœur,
et les bêtes, têtes baissées,
paissent les plantes de senteur ;

mais Marie lit un évangile,
oubliant les heures sonnées
avec le temps et les années,
car Marie lit un évangile ;

et les maçons qui font les villes
s'en vont leur tâche terminée,
et coqs d'or, sur les campaniles,
passent le vent et les nuées.

lors c'est un pays d'en haut.

IV

Alors c'est un pays d'en haut
tout aux oiseaux,
où chantent fête :
merles, pies, verdiers, étourneaux,
et passereaux, et loriots,
tous les oiseaux

montant au ciel leur voix de tête
et jusqu'au faîte :
ramiers, vanneaux,
émouchets, corneilles, corbeaux,
et plus haut encor alouettes,
mauves, mouettes.

23

Or c'est le doux concert des bêtes
au ciel, à l'eau,
disant son los,
en la joie toute bonne d'être
de la vie pour ne la connaître
que tout en beau
et tout d'en haut;

et c'est alors un pays d'ailes
aux hirondelles,
Flandre des tours
et de naïf et bon séjour;
et c'est alors un pays d'ailes
et tout d'amour.

ais alors ici de ville
en villages.

V

Mais alors ici de ville en villages,
cloches sonnant haut pour ceux des métiers,
voici s'en aller mon cœur à l'ouvrage,
truelles aux mains et sabots aux pieds,

avec les rouliers disant litanies
à chansons de près et grelots de loin,
et les maçons marchant en compagnies
aux routes où c'est vie à tôt matin.

Or bonheur acquis dès bâton en mains,
puis si joyeux de rire et de ramage,
tailleurs et vanniers encensant leur saint,
vites de langue et dans tous les langages,

voici les cordiers en chemin aussi,
et dans leur moulin les meuniers qui chantent,
puis vous les soldats en si beaux habits,
éprises d'amour toutes les servantes,

et lors charpentiers sur vos plus hauts toits,
où c'est fête de marteaux à la ronde,
mon cœur avec vous aussi tout en joie,
et soleil à tous luisant sur le monde.

Puis la mer monte.

VI

Puis la mer monte
et vaisseaux, nefs, barques, bateaux,
ohé! ho!
aux mâts les voiles, les drapeaux,
car la mer monte;

et bonne race,
houlques, otters, botters, pinasses,
ohé! ho!
le pilote a mis son chapeau,
passez la passe.

27

Puis la mer monte,
et les femmes à leurs fuseaux,
ohé! ho!
les maris reviendront tantôt,
feu! les fourneaux;

mais la mer monte,
et chalands au quai, bricks à l'eau,
ohé! ho!
toutes les lumières en haut,
car la nuit tombe.

t lors en gris, et
lors en noir.

VII

Et lors en gris, et lors en noir,
— araignée du soir, bon espoir, —

fumez les töits et, sur les tables,
les mets, aux bouches, délectables ;

et lors à tous, hommes et villes,
baisers donnés, garçons et filles,

bonne nuit ! car, à tricots chus,
voici déjà qu'on n'y voit plus

et que, fil aux doigts qui se lie,
c'est sommeil et tâche accomplie.

Or baume alors comme à mains pies,
ceux qui pleurent et ceux qui prient,

et paille aux bêtes, lits aux gens
de douceur et de pansement,

bonne nuit! les hommes, les femmes,
bras en croix sur le cœur ou l'âme,

et rêve aux doigts en bleu et blanc
les servantes près des enfants;

et paix alors toute la vie :
arbres, moulins, toits et prairies,

et repos alors ceux qui peinent
au doux des draps, au chaud des laines,

et Christs au froid que l'on oublie,
et Madeleines repenties,

et Ciel aussi de large en long
aux quatre coins des horizons.

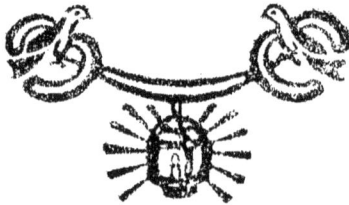

HEURES

Dormez-vous encor, paroissiens ?

I

Dormez-vous encor, paroissiens,
hier n'est plus, les anges causent
dans leurs jardins de fleurs de roses,

et c'est matin villes en bleu,
villes en blanc, villes en Dieu,
avec les clochers au milieu

des maisons, des toits, des bâtisses,
des chapelles et des églises
et des oiseaux, haut, plein les cieux.

Or, ici, et plus près la terre,
voici oraisons et prières,
et baptême, mauvais et bons ;

puis c'est le ciel vu de la mer,
et les vaisseaux par le travers,
et le soleil par le milieu,

et lors le monde à son grand vœu,
et lors, au loin, toujours la mer,
et puis, ici, sur les chemins,

mes bonnes villes familières,
où chacun a joie de sa pierre,
de sa maison et de ses saints.

Mais alors c'est vous tous les miens,
et dormez-vous ? car le temps passe
et le pêcheur est à ses nasses ;

36

mais alors c'est vous tous les miens,
et dormez-vous ? car le temps vient ;
or le boulanger cuit son pain,

et si sommeil vous est un bien,
voici passé le temps de grâce ;
dormez-vous encor, paroissiens ?

Mais revoici
la Vie.

II

Mais revoici la vie
et dans son beau missel,
en marge, tout le ciel,
mais revoici la vie,

et qu'elle chante et crie
lors, pour sa gloire ici,
avec tous les oiseaux
et les enfants aussi.

Puis sonnez, cathédrales,
et haut, cloches d'en haut,
puis chantez, cathédrales,
et sortez vos drapeaux,

car revoici les heures,
comme un bouquet qui fleure,
car revoici les heures,
comme des sœurs unies,

pour la joie, yeux en larmes,
pour la paix, toutes âmes,
car revoici les femmes
et le Bonheur aussi.

Et c'est Lui, comme
un matelot.

III

Et c'est Lui, comme un matelot,
et c'est lui, qu'on n'attendait plus,
et c'est lui, comme un matelot,
qui s'en revient les bras tendus

pour baiser ceux qu'il a connus,
rire à ceux qu'il n'a jamais vus,
et c'est lui, comme un matelot,
qui s'en revient le sac au dos.

Or, bonnes heures, bonnes heures,
laissez alors choir vos tricots,
or, bonnes heures, bonnes heures,
endormez-vous jusqu'à tantôt :

il fait si chaud dans nos demeures
et c'est fête de si bon cœur !
Mais, partances aux mâts d'en haut,
voici s'agiter les vaisseaux,

et c'est Lui, comme un matelot,
qui, vides les pots, partira,
et c'est lui, comme un matelot,
et Dieu sait quand il reviendra.

Alors au loin, che-
val au pas.

IV

Alors au loin, cheval au pas,
cheval en blanc, comme on les voit
aux joyeuses entrées des rois,
alors au loin, cheval au pas,

alors au loin, cheval au trot,
c'est le beau temps de nos soupirs
chez les autres qui s'en va rire,
alors au loin, cheval au trot.

Or, ici de si bon accueil,
alors nous voici tous en deuil,
et bonnes gens, de tous mes seuils,
la peine au cœur, le pleur à l'œil;

mais vieilles gens qui priez d'or,
alors dans le livre où les morts
ont chacun leur croix et leur page,
mettez une nouvelle image,

pour le beau temps qui s'est allé,
cheval au trot, cheval au pas,
vers ceux qu'il fallait consoler,
ainsi qu'un cavalier s'en va.

oi je ne suis qu'un
pauvre sacristain.

V

Moi je ne suis qu'un pauvre sacristain
qui trouve déjà trop grand son village,
et, dans son clocher, vit ciel et nuages
à sonner sa cloche et regarder loin

l'hiver et l'été qu'ont les paysages,
passer les vaisseaux quand c'est le matin,
et s'aller en foi, au long des chemins,
les gens de chez moi en pèlerinage.

45

Or aux horizons de toutes les vies,
mon cœur a trouvé celle à son souhait,
dans le monde ici si pur et si frais
qu'on dirait que Flandre au loin se marie;

et les miens ici, les autres là-bas,
aux villes qui rient, aux villes qui pleurent,
paix vous soit du temps, paix vous soit des heures,
pour l'âme et le corps, les mains et les bras,

car, heures des miens, à tous en partage,
car, heures des miens, c'est un grand bonheur
de vivre en trêve, pour le vrai labeur,
ici de si bon et doux héritage.

présent voici comme
une prière.

I

A présent voici comme une prière,
et c'est la vie d'ici qui dit son temps
selon le soleil, le jour et la mer,
et les villes où l'aller des passants

montre chacun œuvrant à sa manière :
seigneur à cheval, à pied paysan,
et pour les fins de l'âme ou de la chair
moines, matelots, pêcheurs, tisserands.

Or bêtes, gens, et lors tous à l'ouvrage,
c'est la vie aussi qui veut son labeur ;
et voici qu'on naît, et voici qu'on meurt,
dans les chemins, les bois et les villages ;

mais voici qu'on rit après, et qu'on aime,
et qu'aux villes des sages et des fous
tournent les moulins, ainsi que des roues,
sous les cloches, haut, chantant les baptêmes,

car ici l'on plante, car ici l'on sème,
— et le temps nouant les jours bout à bout —
par la grâce des mains quotidiennes,
c'est alors la vie portant des fruits doux.

t chacun faisant son métier.

II

Et chacun faisant son métier,
voici planter le jardinier
    selon sa vie,
d'être aux plantes, avec ses mains,
doux et bon comme à des humains,
sous le soleil et sous la pluie,

en son royaume des jardins,
des parterres et des chemins
    où tout concerte :
tonnelles, quinconces, berceaux,
et par ses soins, branches, rameaux,
pour faire, à tous, musique verte.

Or c'est ici ses harmonies
et voyez, lors, et tout en vie,
        chanter les fleurs ;
puis, pour l'ornement du feuillage,
mûrir les fruits, sur les treillages,
en senteurs, parfums et couleurs ;

et yeux alors, comme un dimanche,
voici fête d'arbres et branches
        de toute part,
et la terre comme embellie
de tant de choses accomplies
par ses mains et selon son art.

lors voici sur un
autre air.

III

Alors voici sur un autre air
encor les mains qui viennent, vont,
et c'est ici bois, longerons
qui montent prendre place en l'air

pour des maisons et des églises,
qu'en leur vieux pacte d'amitié,
en prenant leur temps, réalisent
les maçons et les charpentiers.

Or aux villes, lors c'est la vie,
et montez clochers dans le vent,
et dans les cordes, les poulies,
haut, l'architecte, ouvrez vos plans,

et ceux d'en bas qui rêvez d'ailes
à cous tendus, venez aussi
regarder monter aux échelles,
drapeaux aux mains, les apprentis,

car sur les tours voici les croix
toutes neuves dans la lumière,
et, bonnes gens, alors vos joies
suivant les briques et les pierres.

ais comme en image à présent.

IV

Mais comme en image à présent
voyez ici souffler le vent
  et tout qui plie :
arbres, mâts, croix, roseaux, sapins,
et puis aussi la mer au loin
  qui hurle et crie,

faisant écume, embruns et eaux,
pour la kermesse des bateaux,
  les bleus, les verts,
vagues en bas, vagues en haut,
donnant du flanc, donnant du dos,
  beauprés en l'air.

Mais lors, et tout à son métier,
voyez aussi le batelier
          assis en poupe,
et comme il rit, l'écoute aux mains,
de s'aller ainsi corps et biens
          de cap en coupe ;

car c'est la vie qu'il s'est choisie,
ainsi qu'elle parlait en lui
          selon la chair,
de ceux de Flandre que l'on voit
depuis tous les temps, rame aux doigts,
          à vau la mer.

r dans les maisons.

V

Or dans les maisons, et lors dans les villes,
où sont les jardins, les gens et la vie,
et, pour la couleur, le soleil aussi,
mais loin de la mer, et lors dans les villes,

voici la gent des servantes qui file
aux fenêtres des soirs et des matins,
et s'occupe dans la laine et le lin,
les yeux sur le monde au loin comme une île.

Mais voici leurs doigts aussi aux aiguilles,
et lors portement en long de leur croix,
écoutez leur cœur, car voici leurs voix
qui chantent leur pauvre et triste évangile;

et le maître qui rentre de la ville,
et la maîtresse qui verse le vin,
aux mains rouges mais aux peines habiles,
dites alors paix et repos enfin,

car en tout ici, c'est leur tâche faite,
et leurs pauvres corps allés sous les toits,
implorant sommeil, après maison nette,
auprès des enfants couchés dans leurs bras.

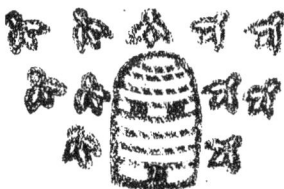

Chansons

En rond les
maisons.

I

En rond les maisons
comme pour danser,
en rond les maisons
où, sur le marché,

l'homme qui dit là
des mots à chanter,
c'est moi pour la joie
des miens tout en paix.

Or, gai ! le fermier,
salut ! l'aubergiste,
et joie ! le berger,
que mai vous assiste,

c'est fête, à bras nus
cuisez boulangers,
et, papegai chu,
riez les archers ;

puis joie tout en rond
des toits, des bâtisses,
avec le printemps
ouvrez vos comices :

le joueur d'orgue est arrivé.

t connais-tu Marco la Belle?

II

Et connais-tu Marco la Belle,
et nonne voulez-vous danser,
et c'est le Lys de la venelle
que l'on dit ici en été,

et puis encor, quand il fait froid,
les pauvres Deux enfants de Roi
qui s'aimaient tant que c'est vraie croix
les chanter, même à basse voix.

Mais connais-tu la ritournelle
qui fait rues pleines et gens soûls,
en Flandre toute aux hirondelles
quand les Géants sortent en août,

et puis encor la bienheureuse
chanson si douce où c'est, de nuit,
passant sous la fenêtre heureuse
l'eau complice du bon ami ;

or, connais-tu — c'est la plus belle —
Anna-la-Lune avec ses pies ?
Mais alors chantent aux ruelles
les enfants autour des bougies.

Puis violon haus-
sé d'un ton.

III

Puis violon
haussé d'un ton,
— c'est dans le cahier à chanter —
alors le très vieux boulanger
qui bat sa femme
nue corps et âme,

et violon
baissé d'un ton,
c'est le soleil avec la pluie,
emménageant la diablerie
d'une kermesse
sans cloche ou messe.

Puis violons
trop doux et bons
aux maisons de mauvaise vie,
c'est à l'amour, jusqu'à la lie,
les matelots
suivant leur lot;

et violons,
accordéons,
et musiques à l'unisson
des couteaux en l'honneur des femmes,
lors c'est chanson
à fendre l'âme.

ais l'heure sonne.

IV

Mais l'heure sonne
et c'est le jour,
qui chante paix du haut des tours
à ceux de peine, à ceux d'amour,
mais l'heure sonne ;

et pauvres hommes,
pauvres femmes,
doigts aux fuseaux ou mains aux rames,
en paradis allez de l'âme
droit à vos trônes.

Mais l'heure sonne
avec sa voix
de toute douce et bonne foi,
et le soleil avec sa joie
met sa couronne ;

mais l'heure sonne,
et, gens de bien,
gagnez le ciel avec vos mains,
pour ceux de foi tous les chemins
mènent à Rome.

r Saint Pierre et Marthe la Bonne.

V

Or saint Pierre et Marthe la bonne,
voici que le coq a chanté,
et que, Jésus ressuscité,
c'est grande fête chez les hommes

et que Pâques dit sa bonté
sur les villes et sur les toits,
et dans la chair, et dans la foi,
puisqu'il fait doux comme en été.

Mais Flandre alors déjà si bonne,
avec vos mains de charité,
et saint Pierre et Marthe la bonne,
que de beaux jours nous sont comptés

pour la joie simple d'être en fête
avec la bouche, avec les yeux
et de s'aller cœur au milieu
des choses, des gens et des bêtes,

car voici l'avare qui donne
et les prodigues amendés,
et saint Pierre et Marthe la bonne,
toutes mes villes en beauté.

ais lors ma joie étant Hollande.

VI

Mais lors ma joie étant Hollande,
j'ai bâti du côté du jour,
et dans des arbres tout d'atours,
ma maison qui est en Hollande
        avec la mer autour,

et mon cœur y vit sa semaine
avec sa joie, avec sa peine,
et Jean qui rit, ou Madeleine
mon cœur y passe la semaine
        avec la mer autour.

Or, en attendant son dimanche,
mon âme est là comme un pêcheur
au bord de l'eau et sous les branches
à causer bas avec mon cœur
     près de la mer autour,

d'une paix dont la bonté franche
serait de partager d'amour
toute ma vie dont c'est le tour
de mettre enfin sa robe blanche
     avec la mer autour,

car tout est prêt, jusqu'à moi-même,
dans la maison de bon séjour
pour le bonheur qui vient quand même
quand on l'attend, celle qu'on aime,
     avec la mer autour.

r c'est ma vie rêver
ainsi.

VII

Or c'est ma vie rêver ainsi,
devant un peu trop d'espérance,
mains aux genoux comme l'on pense
à la mode de mon pays,

et cœur en foi, croyant de l'âme
que c'est déjà mon bien promis,
rien qu'à vous voir, hommes et femmes,
et toutes les choses d'ici.

Mais lors le ciel, la mer aussi,
et toute la vie bénévole,
mais lors le ciel, et plein aussi,
le monde de bonnes paroles,

musique, joie et bien acquis,
c'est mieux que d'attente et de gage,
mon cœur qui dit bonheur ici,
à drapeaux mis sur ses villages,

car c'est son lot s'aller ainsi
de joie aux hommes comme aux bêtes,
voulant en tout, dimanche et fêtes,
à la mode de son pays.

GROTESQUES

t maintenant voici que l'on boit et qu'on mange.

I

Et maintenant voici que l'on boit et qu'on mange,
que les lèvres ont joie, que la bouche est aux anges,

et qu'à fruits d'ornement, figue, amande et raisins,
tout compte fait ici c'est mon livre à sa fin,

car à présent voici que l'on rit et l'on danse
à la mode d'Espagne, à la mode de France,

et que c'est vous et moi tous mes paroissiens
qui trouvons joie ainsi à nous tenir les mains

pour la douceur qu'on a d'être sœurs, d'être frères,
à s'entraîner ici en maisons, bois et terres.

Or Flandre dite alors de toutes les manières,
à la façon des fils, à la façon des pères,

c'est le roi qui boit et tout le monde qui rit,
hommes, femmes, enfants et les bêtes aussi,

puis dimanche avec vous, soldats et militaires,
et lundi menuisiers, et marchés maraîchères,

meuniers voici le vent, et printemps jardiniers,
et drapeaux mis aussi sur mes plus beaux clochers.

Mais lors douceur à tous, car tout est bien au monde,
quand c'est plaisir aux yeux, de jardins et verdures,

et midi des repas faisant les tables rondes,
voici rire la vie et mes mains en peinture

s'aller à vos souhaits enfin miens des villages
en rouge autour des toits et foi au raisin vert

et selon mon cœur d'ici qui sait vos usages,
prendre joie avec vous du ciel et de la mer,

car en toutes choses c'est simple le meilleur
et d'ornement au corps comme à l'âme santé,

et bonnes gens alors en musique à son heure
voici mon livre ouvert comme salle à danser.

t vaisseau mon bon frère.

II

Et vaisseau, mon bon frère,
et lors voile, ma sœur,
et tout autour la mer,
et la tulipe en fleur,

c'est Hollande avec nous;

et mes bons camarades
d'abord les menuisiers,
donnez-vous l'accolade
et chantez les cordiers,

Hollande est avec vous.

Puis baiser de nature
tout aussi de douceur,
riez les créatures,
bêtes et simples cœurs,

et bergers avec vous ;

et coqs d'or sur les villes
de profil, face ou dos,
et moulins en famille,
assis au bord de l'eau,

la paix soit avec vous ;

car maisons pour la pluie,
arbres contre le vent,
puis à chacun la vie
comme du sable blanc,

Hollande est bonne à tous.

ais lors voici le grand concert.

III

Mais lors voici le grand concert
des bêtes de toutes les peaux,
et comme sœurs et comme frères
les loups au milieu des agneaux,

et fraternité sans amorces,
les forts à côté des plus doux,
et Foi des Fois, force des forces,
tous à chacun et tout à tous.

Or symphonie des symphonies,
lors sur le beau mode pitié,
voici vivre toute la vie,
à nu l'amour et cœur entier,

et Monsieur du Bœuf en sa chair,
Monsieur du Coq sur ses ergots,
et Messieurs aussi de la Mer
disant paix de face et de dos,

lors musique naïve et bonne
pour les simples et pour les doux,
et Monsieur du Roi sans couronne
chez sa tristesse le hibou.

ais las ici voici
mes yeux.

IV

Mais las ici voici mes yeux
de couleur, musique et ramage,
mais las ici voici mes yeux
et mes souliers devenus vieux,

et lors en sa maison d'hiver,
à jours en long, larges les heures,
feu la voile, morte la mer,
mon âme seule avec mon cœur.

Or tristesse en tous les langages,
à mains vides cherchant labeur,
et dans mon livre à voix d'images,
fin aussi de fête en couleurs,

voici le noir, voici le blanc,
faisant musiques appauvries
et dans la mort plus qu'en la vie
s'aller mes bêtes et mes gens,

car dans la pluie ou dans le vent,
et pour les fous comme les sages,
pour chaque chose il est un temps
en hommes comme en paysages;

et vie en tout suivant son cours
ici par les rues de mes villes,
voici passé mon temps d'amour
dans la joie des garçons et filles.

r à chacun soit sa fête
ou son lot.

V

Or à chacun soit sa fête ou son lot,
mais bon voyage, Monsieur du Soleil,
à vent dans le dos, gens à gais propos
et route en velours et chaude aux semelles,

car tristesse aux uns, comme aux autres joie,
les saisons s'en jouent, les saisons s'en rient,
et voici venus, se suivant les mois,
aux toits des maisons, le vent et la pluie.

Mais à nous alors vêpres, litanies,
et rêves les vieux, et rouets les vieilles,
pour montrer qu'on est encor de la vie,
les enfants à vous de chanter Noël,

car cloches disant nuit dès basses messes,
mais Sainte-Catherine et ses bonnets,
c'est fête pourtant qui veut sa kermesse
à coudes en rond et fumant les mets,

et lors vieilles gens préparez le thé,
aux nièces, neveux, des champs et des villes,
car suivant leur cœur en tout avisé,
elles trouveront des maris les filles.

t maintenant
voici l'hiver.

VI

Et maintenant voici l'hiver
et mon cœur qui s'était allé,
revenu heureux dans sa terre
sachant que tout est à aimer,

depuis le ciel, depuis la mer
jusque mieux et plus humblement
les objets de toutes manières
fidèles ineffablement.

Or foi mise ainsi dans les choses,
alors voici mon testament,
aux bois, à l'eau, aux fleurs de roses,
légùant mes joies d'homme et d'enfant,

car en arbres, toits et maisons,
à mains rouges mieux qu'en prières,
tout me fut doux, tout me fut bon
selon l'outil, selon la pierre,

et repos me soit à présent
en eux après labeur et peine,
et de mon blé, mauvais et bons,
à vous ici corbeille pleine.

Maintenant ici tirez le rideau,
car voici matin et ma tâche est faite
comme je l'ai pu selon mes carreaux
et du mieux de mon cœur et de ma tête,

aux jours en long de ma peine et ma joie,
qui sont en couleurs, jardins et verdures,
toutes les choses ainsi qu'on les voit
dans mon pays bien mieux qu'en mes peintures.

Or salut ici, tous ceux de chez moi,
car labeur fini de toutes manières,
et selon mon vœu, à chacun son toit
en santé d'âme, de corps et de chair,

c'est le bien promis de mon temps qui vient,
maintenant qu'en moi deux bonnes personnes,
l'Amour et la Foi en chair à mes mains
sont pour qu'on les prenne et que je les donne,

avec mon baiser de saint sans couronne,
mais dont sait la paix mon cœur tout tremblant,
à présent qu'ici c'est un si vieil homme
qui l'a dite enfin toute sa chanson.

Table

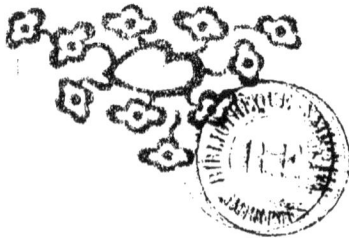

Achevé d'imprimer
le 15 mars MDCCCXCVIII
sur les presses de Mme Vve MONNOM
32, rue de l'Industrie, 32
Bruxelles

99

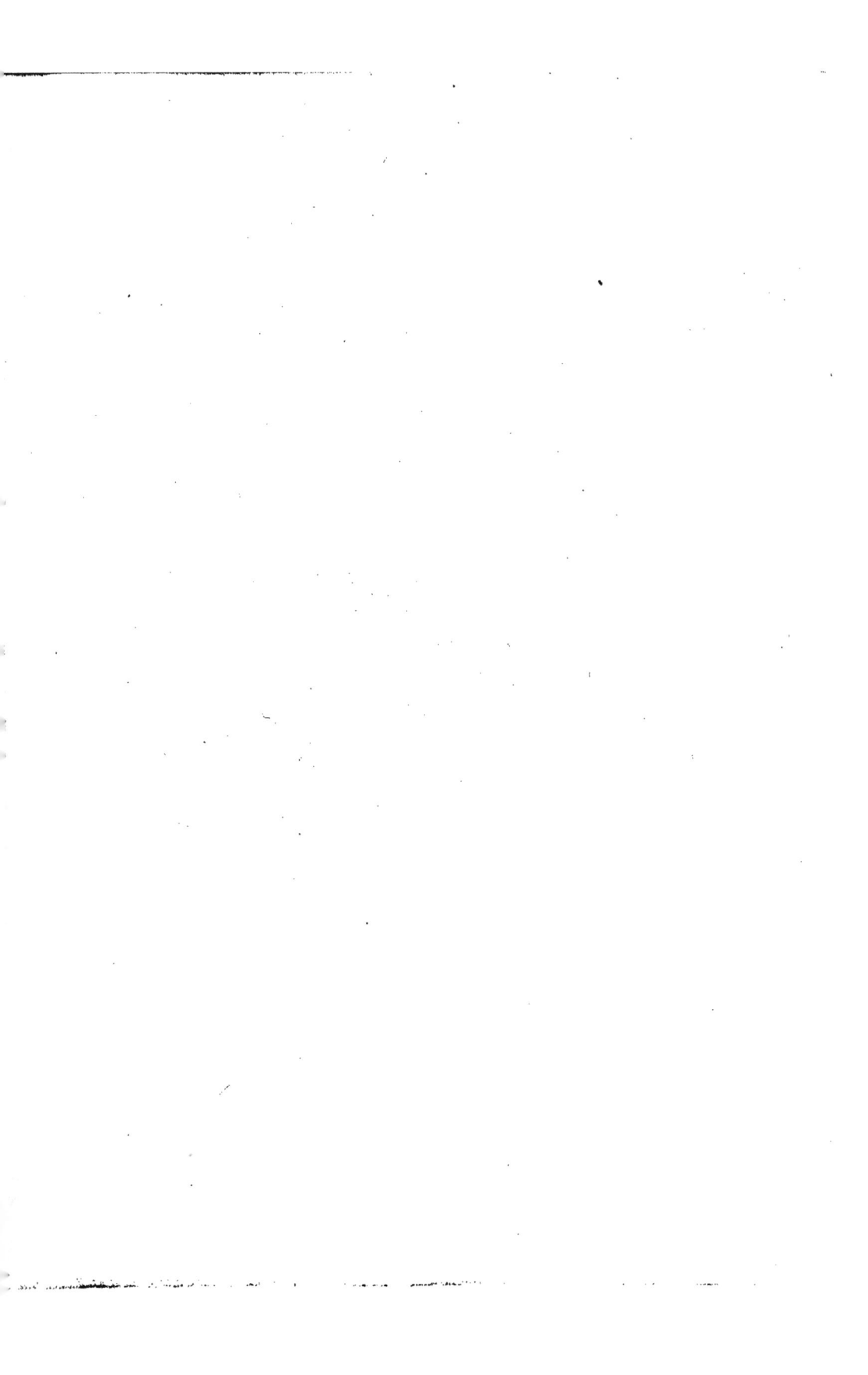

451

www.ingramcontent.com/pod-product-compliance
Lightning Source LLC
Chambersburg PA
CBHW070017110426
42741CB00034B/2050